우리는 그렇게 시간을 걷는다

윤문순 시집

상상인 시인선 086

빛의 숨결은 구름 사이로 흘러

흰 나비처럼 가벼운 몸짓으로

어둠의 결을 따라간다

시인의 말

모나고 다듬어지지 않은 돌멩이 하나가

문장 사이 숨은 의미를 찾으며

한발 한발 시간을 걷고 있습니다

2025년 9월

윤문순

1부 창 너머 뒤돌아선 그림자처럼

2부 돌고 돌아 열두 개의 문을 닫는다

3부 숨결조차 쉼표가 된 정적

4부 부딪힌 말들이 가득한 골목

1부

창 너머 뒤돌아선 그림자처럼

나비가 피운 꽃으로

꽃이 출렁인다
유성처럼 흐르는 고흐의 별빛 소용돌이
해바라기 씨앗처럼 빼곡히 내려앉는다
끝이 보이지 않는 사선 너머
화산처럼 폭발하는 하나 된 울림
빛의 노래가 허공을 채운다
어깨를 감싸는 낯선 이의 손 마주치는 눈빛
작은 속삭임까지 서로의 심장에 녹아
뜨거운 불꽃을 부른다

댓바람에도 꺼지지 않는
천 개의 모습과 만 개의 색깔로 빛나는
등불 켜진다 나와 너 그리고 우리,
마주 잡은 손끝에 전해진 열기
꽃이 피어나고
나비가 날아오른다

데칼코마니

나는 접힌 종이다

물감을 쌓아 문지르고
접힌 몸을 펼치면
닮은 듯 닮지 않은 듯
나의 그림자를 본다

입술에서 피어난 꽃의 말이
향기처럼 스미기를 바라던 바람이
날카로운 칼이 되어 심장을 베었다
두껍게 접힌 자리 말 대신 꺼낸 침묵
마음을 내린다

말하지 않아도 괜찮을 줄 알았다

넘기지 못한 페이지는
창 너머 뒤돌아선 그림자처럼
밤의 뒷장에 숨었다
시간이 흐릿해지면 사라질 줄 알았던
기억의 테두리에 감춰진 머문 하루

꽃이 핀다

나는 펼친 종이다

곡선과 직선 사이

한 남자가 중환자실에 누워 있다

생명유지장치들이 어지럽다 모니터에 나타난 산소포
화도 심박수 호흡수가 꿈틀거리는 지렁이처럼 구불구
불 움직이고 선 끝에 붙잡힌 숫자들이 운다 나뭇가지
같은 마른 몸뚱이 주름진 살가죽 아래 선명한 뼈는 엑
스레이 사진 같다 푹 파인 두 눈에 반짝이던 눈빛은 사
라지고 끓어오르는 기계 속 방울들이 코끝에서 숨을 잇
는다 마른 논바닥처럼 쩍쩍 갈라진 입술에 공기의 찌꺼
기들이 붙어 허옇다 가끔 부풀어 오르는 가슴에 몰아치
는 숨소리 끊어내지 못한 생의 미련과 고통만이 무거운
고요를 깨뜨린다
의식은 심해의 검은 동굴로 끌려가는지
생의 끝자락 못다 한 말 한 마디 남기려 마지막 숨을
모으고 있다
들숨과 날숨 사이
끊어진 줄에 대롱거리는 거미처럼 위태롭다

날개 없는 그가 마지막 힘을 모아 훨훨 날아오르고
있는
삐---

새벽을 찢다

어둠이 뒤척이는 시간
새벽을 찢고 전화선을 타고 넘어온 소식은
벼린 칼 되어 심장을 베었습니다
순간, 사위四圍의 빛은 꺼지고
하얗게 얼어붙은 공기는 송곳처럼 찔러
혀끝에서 시작된 비릿한 피 내음이 입안 가득 고이고
소리가 되지 못한 비명은 귀를 먹게 하였습니다

서릿발같이 차가운 햇살이 언 땅에 박히는 날
당신은 허공을 가득 채운 요령 소리와 함께
날아갔습니다
다시는 볼 수 없는 따스한 눈빛
언 볼을 녹여주던 주름 가득한 손이 그리워
셀 수도 없는 날들을 울며 잠들었습니다

당신은
그렇게 나의 꿈속에서만 살고 있습니다

유리기억

나는 너의 눈 속에 갇혀 산다

너는 청소부다 부스스한 머리 어둠을 먹고 자란 말들이 입안에 가득하다 칫솔을 움켜쥐고 지휘자가 되어 지휘봉을 휘두른다 낱낱이 부서지는 조각난 말, 때론 미풍에 흔들리는 꽃잎처럼 부드럽게 쓸어내린다 사정을 두지 않는 거친 손놀림 부풀어 올라 잠들어 있던 슬픔을 뱉는다

너의 손가락이 날고 있다 피아니스트의 날렵한 손가락이 건반을 두드려 아름다운 화음을 만드는 것처럼 화장대 앞에서 펼친 마법 카멜레온의 변신처럼 눈가의 주름은 사라지고 칙칙했던 얼굴에 피어나는 뽀얀 피부에 짙은 눈썹과 붉은 입술이 빛난다

너는 코디네이터이다 옷장 한쪽에 잠들었던 옷들이 공작새 날개처럼 펼쳐진다 여린 나뭇잎 사이로 햇살 날아들어 반짝거리고 까만 바위틈을 메우는 하얀 포말처럼 겹겹이 감싸는 화려한 패션쇼 미소가 라일락 향기처럼 피어난다
〈

네가 떠났다 얇은 유리 한 장 사이 갇힌 나, 분주했던 시간이 지나고 도시의 붉은빛이 사라지듯 어두운 정적 속에 가라앉는다 껍질을 벗고 내일을 꿈꾸는 나비처럼 텅 빈 공간에 빛이 찾아와 그녀의 향기 속 다시 빛날 시간을 기다린다

여백에 앉은

나는 점이다

아무것도 끝도 없는 어둠 속
빅뱅으로 빛난 우주
푸른 생명으로 태어났다

빛이 없이 침묵으로 가득한 곳
어둠 물고 온 생명
세상을 품은 씨앗 하나
갈라진 땅 힘차게 들어 올려
날개 활짝 펴고 여름빛 잡아 피워 올린 꽃
세상 밖으로 날아올랐다

점과 점 사이에 서서
갈라진 틈과 틈을 메우며 지나온 시간
부딪혀 긁힌 상처는 거칠지만 단단해졌다
굽어진 자리마다 따뜻하게 스며든 온기는
길이 되었다

나로 시작해 나로 돌아가는 억겁의 시간
먼지처럼 작지만

이름을 잃지 않기 위해 오늘도 꿈꾸는

나도 점이다

하나 둘 그리고 다섯 개의 불빛

살갗을 뚫은 바늘이
수술실 앞 가이침대에 누워 있다

구르는 바퀴처럼 덜컹거리는 심장 하얀 천장에 불빛
이 스쳐 지나간다 하얀 입김 코끝에 달라붙는 수술실
문이 열린다 수술대 위 보름달처럼 커다란 전등의 밝은
빛이 차가운 눈으로 내려다본다 가는 줄로 흐르는 물
줄기가 혈관을 타면 머릿속이 하얗게 얼어버린다 수런
거리는 소리

날카롭게 부딪히는 금속 소리는 페이드아웃 되고 돌
덩이보다 더 무거운 장막이 덮이면 캄캄한 어둠 속으로
빨려 들어간다 블랙홀처럼, 풍선처럼 가스로 부풀려진
살갗으로 날카로운 칼끝이 거침없이 돌진한다 아픔도
느끼지 못한 죽음 같은 시간 썩은 상처는 잘려 나가고
피부는 꿰매어진다

의식과 혼미의 경계선에서
희미하게 찾아오는 빛
붙잡는다

손등 읽기

거울에 비친 모습
무심히 바라보다 나란히 놓아 본다

검은 버섯 가득한 손
삭정이 같은 뼈마디에
푸른 산맥이 길처럼 울퉁불퉁 솟아 있다
낫에 찍히고 칼에 베인 자국 불장난에 화상 흔적
고단했던 시간 거무스름하다

나만 알고 있는 주름 사이 사이에 담긴
내 손의 이야기가 말을 걸어온다
두꺼워진 손마디
젊음의 반지가 들어가지 않는다

새 반지를 끼워 본다 내일이라는

아직도 어른으로 이사 중

언 손 호호 불며 눈사람 만들고
코끝 빨갛게 온종일 뛰놀던
더디게만 흐르던 시절 어른이 되고 싶었다

책상을 베개 삼아 책과 지냈던
꿈꾸었지만 빛나지만은 않았던 십 대를 건너
윤슬처럼 빛나는 이십 대
서른이 되기 싫은 난 스물아홉에 2년을 버텼다
그리고 서른하나 마흔하나

어린싹은 무성하게 자라 꽃을 피우고
구부정한 어깨만큼 무거운 짐 뒤로한 채
앞만 보며 달리다 발끝에 챈 오십 대

미친 듯 소용돌이치며 흐르는 계곡물처럼
빠르게 지나버린 내가 없었던 나의 삶
거울에 비친 삭정이 하나가
말갛게 본다

거인의 걸음으로 성큼 다가온 나이
해맑은 웃음 짓던 날이 그리워

아무도 걷지 않은 하얀 눈길 같은 종이에
끝없는 사랑을 심는다

지금 여기에

방 귀퉁이 낡은 책상 하나
불 밝히면
푸른 솔 하나가 걸어온다

곧게 뻗어 내린 긴 뿌리
생명수 끌어 올려 목을 축이고
쏟아지는 장대비에 흘러내리는 흙을
끌어안았다
쇠심줄처럼 질긴 칡덩굴이 숨통을 조여
등뼈는 휘어지고 뒤틀렸다
쪼아대는 새의 부리는 날 선 칼끝이 되어
여린 속살로 파고들었다
상처를 덮은 하얀 눈물은 단단한 옹이가 되고
소리가 되지 못한 비명은 시간의
물결이 된다

흉터처럼 남겨진 계절이
말 없는 증인으로 손끝에 머문다
머리에 하얀 눈 가득한 지금 여기에 앉아
가지마다 걸어둔 별빛 같은 이야기
솔향기 가득 품고 어둠을 밝힌다

정선 오일장

시장 골목 한 귀퉁이 차가운 바닥
굽은 등이 앉아 나물을 팔고 있다
쉴 새 없이 움직이는 칼날에
철갑 같던 더덕의 껍질 스륵 벗겨진다

서리 내린 머리 좁은 어깨 굽어진 허리
거뭇해진 손등엔 주름 가득하고
가뭄의 논바닥처럼 갈라진 까만 손톱
어느 산중을 헤집어 하나하나 뜯어온 산나물
좌판 가득 쌓여 시들어 가고
무심히 지나는 손님을 부르는 소리
시장을 떠돈다

봄이면 보따리 이고 시장으로 향하시던 어머니
초승달 등불 삼아 긴 그림자 밟으며
지친 걸음 질질 끌며 오시던 모습 떠올라
마음이 먹먹해져 멈춘 발걸음
양손에 나물 한가득이다

손끝에서 시작된 향기는 모두,
그리움이다

사라지는 것에 대하여

고향마을 지키던
오백 년 되었다는 느티나무
언제부턴가 잎이 보이지 않았다
마른 가지는 떨어져 뒹굴고
텅 빈 자리 바람이 무심히 지나면
마음 자락에 먹먹함이 들어온다

골목 휘돌아 훅훅 내뿜는 열기를 막아주며
쉬어가라 안아주던 넉넉한 품
지나는 바람 손끝에 잡아
부채질해 주던 시원한 손길

힘들고 지친 마음 가만히 어루만지며
괜찮다 어깨 토닥거리는 큰 어른 같은 나무
이제는 사라져
비밀 일기장 한켠에 차곡차곡 쌓인
그대가 그립다

가시가 자라는 손톱 밑

보이지 않는 것과 싸우다 지쳐 잠들었다

온몸 구석구석 파고들더니 온전한 삶을 무너뜨려 시
궁창에 던졌다 위장에선 밥을 달라 아우성치는데 입안
은 모래알이다 깨질 듯한 통증 참으며 죽 한 숟가락 입
에 넣지만 넘길 수 없다 달아오르는 용광로처럼 열은
오르고 허깨비처럼 휘적이며 기울어진 몸뚱이가 의식의
흐름을 쫓아가지 못하고 무너진다

창백한 천장은 빙빙 돌고 고개를 돌려 바라보니 줄에
연결된 생명수가 방울방울 떨어져 핏줄에서 팔닥거린다
갈수록 조여오는 핏줄 아프다

피 흘리는 상처보다 더 고통스러운 바이러스

손톱 밑 가시처럼 온 세상이 무너지던 시간들

감옥이다

3평 방안에 갇혀 있다
작은 문 하나 사이에 두고
천 리만큼 멀어진 문밖 봄이 간다 하릴없이

물먹은 솜처럼 가라앉는 몸뚱이 가래 끓는 소리 가
득하다
쟁반에 밥 한 공기 반찬 서너 개 약 한 봉지
감옥에 갇힌 것처럼 때마다 사육당했다
우리에 갇힌 맹수처럼 미쳐 날뛰는 답답한 마음
하지 못하게 되면 하고 싶은 게 왜 그리 많은지
눈만 말똥거리며 죄 없는 천장만 부실 듯 노려본다

눈 마주 보며 도란도란 이야기하던 식탁
침대와 한 몸 되어 빈둥대며 책 읽던 시간
평범했던 일상이 소중하게 다가온다

바람의 실루엣이 손짓하며 부른다
아직도 찬바람 일렁이는 마음
겨울인가 봄인가

접힌 날개

하얀 눈동자가 슬프다

단숨에 뚫린 목구멍에서 선명한 핏줄기가 솟았다 번개처럼 빠른 칼춤에 단단했던 은빛 갑옷이 벗겨지고 살갗을 휘젓는 잘 벼른 칼날에 살점이 하나씩 떨어져 나갔다

투명했던 눈에 하얀 막이 덮이고 남겨진 대가리가 얼음 위에서 헐떡이고 있다 앙상하게 드러난 뼈마디가 성난 가시로 비명을 지른다 들리지 않는

발가벗은 몸뚱이를 조여오는 따가운 시선들 낯선 이의 비릿한 미소가 심장을 찢는다

피비린내 가득하고 죽음조차 사치가 된다

푸른 숨결 누비던 꿈 사라지고 접힌 날개로 서쪽 하늘을 난다

붉은 어둠이 온다

2부

돌고 돌아 열두 개의 문을 닫는다

그림을 듣는다

핸리포드 병원 가느다란 철제다리
하얀 시트 위에 누워 있는 그녀
벌어진 다리 사이로 붉게 물든 시트
일그러진 뺨에 눈물자국이 선명하다

두 손에 꽉 잡은 여섯 개의 붉은 핏줄
사고로 부러진 척추와 비뚤어진 골반뼈
길고 고통스러웠던 삶
가지런히 놓여 있는 차가운 금속도구
처절한 산고 끝에 버려진 자궁
꼭 감은 눈과 가슴에 가지런히 포개진 손
세상을 볼 수 없는 아이
바닥을 뒹구는 보랏빛 시든 꽃잎이 아프다

끊임없이 갈구했던 디에고를 향한 사랑이
견딜 수 없는 상처가 되었다
침대에 누워 힘겹게 찾은 희망의 그림
고통과 절망을 건너
프리다 칼로의 시간이 넘어온다

벽을 쌓는 사람

좁은 창문 얼룩진 커튼 사이로 비치던 빛마저 먹어버
린 벽 캄캄함이 들어와 몸을 구겨 넣는다 입속엔 곰팡
이가 서걱거리고 방구석에 던져진 고독이 무럭무럭 자
란다 흔들리는 불빛 검은 독백이 말을 걸어오면 가슴
깊이 묻혀 있던 외로움이 갈라진 틈을 비집고 나와 벽
에 달라붙는다 점점 두꺼워지는 벽, 좁아진 방안은 침
묵이 눌러앉은 동굴이다 두꺼운 안경알 너머로 번득이
는 휴대전화 불빛은 미쳐 날뛰고 파리한 얼굴 위 흔들
리는 또 다른 얼굴 하나가 깨진 거울 속에서 나를 보고
있다

도시의 소음조차 그리워지는 밤
환청처럼 들려오는 누군가 부르는 소리에 덜컹거리는
문 열고
가로등 불빛 찾아 계단을 오른다

뒤틀린 나무의 꿈

눈의 무게 견디지 못한 가지 하나
부러져 날카로운 칼끝처럼 솟고
찢겨 비틀린 근육들 서로를 부둥켜안고
다 꺾이지 않은 숨을 붙잡아 땅을 지고
차가운 별빛을 받는다
거북이 등처럼 메마른 피부
긁힌 상처의 흔적만큼 거친 껍질은 덧씌워지고
세월의 무게만큼 휘어진 줄기
허물어진 마음을 밀어 위로 오른다
얼음이 되지 않은 눈물은 뿌리로 흘러내렸다
땅의 걸음을 따라 새긴 삶의 길
비탈진 다랑이밭에서
흙냄새를 맡으며 자란 꿈
꽃을 피웠다
눈 속 길을 잃지 않는 나무처럼

열두 개의 이야기

반복되는 시간
열두 개로 나를 쓴다

단단한 흙, 물이 흐르고 나무가 자라고
검정 파랑 빨강을 문신처럼 새겨
사계절을 품었다 불처럼 뜨겁게, 얼음처럼 차갑게
숫자 위에 동그라미 풍선처럼 날아
물결에 주름진 바닷가 소라 줍던 모래사장
깨알같이 새겨진 글자와 글자 사이
보물 상자 속 숨겨진 이야기 시공간을 넘어온다
검은 건반을 쉼 없이 달려온 오늘의 나
웅장한 타악기 연주처럼 세차게 몰아친다
그렇게, 가쁜 숨 몰아쉬며 하루를 일주일을 한 달을
보낸다
시간을 여닫고 돌고 돌아 열두 개의 문을 닫는다

보이지 않는 구석에 쌓인 먼지처럼 잊혀지면
멀어질 기억을 간직한 채
오늘은 고요히 잠으로 간다

팰림세스트[*]

달을 품어 안은 구름이 유리창을 두드린다
빛의 숨결은 구름 사이로 흘러
흰 나비처럼 가벼운 몸짓으로
어둠의 결을 따라간다
가로등 불빛에 잠들지 못하는 벗나무
호흡을 멈춘 가지 끝으로
밤의 장막을 걷어 올린다

끝내 잡히지 않는 빛의 조각
바람결에 흩어진 흥건한 어둠이
얼굴을 어루만진다
빗방울에 움푹 파인 웅덩이처럼
떨어진 자국마다 불안이 깊어진다

쓰고 지우기를 반복해 덧칠해진 문장
무늬 없는 감정이 겹겹이 쌓여
바닥을 꿈틀거린다

* 팰림세스트Palimpsest: 고대 문서나 필사본을 뜻하는 말, 본래의 글을
지운 뒤 그 위에 새로운 내용을 덧씌운 양피지나 문서를 의미함.

걸음의 침묵

늦은 퇴근길
소음이 포개진 어둡고 습한 거리
회색 벽에 걸려있는 네온사인
빛바래 찢어진 포스터처럼
날 선 불안 낯선 얼굴이 떠다닌다

어둠의 숨이 골목을 채우면
술 한잔 걸친 해직된 시간이 우글거린다
맹수의 눈빛처럼 달려들던 자동차
침묵이 유령처럼 막아선다

어둠이 깊어지는 포장마차
외로움 찰랑거리는 소주잔
골목의 적막을 끌고
굴러간다

탱고

고향 떠나온 길고 긴 항해
추위에 얼어버린 몸 누렇게 뜬 얼굴로
거친 파도를 견디며 사선을 넘어
다다른 낯선 부둣가 부에노스아이레스

생선 썩는 좁은 골목 끝 어두운 선술집
저무는 하루 끝 이민자의 지친 마음을 달래는 탱고
때론 느리게 때론 빠르게 움직이는
바이올린 G선상의 울부짖음에
반도네온의 애달픈 가락이 점점 짙어진다

동굴 벽을 걸어 다니는 땅게의 짙은 화장
점점 격렬해지는 몸짓에 일그러진 입술
주름진 여인의 팔랑거림이 피워내는 꽃
눈동자에 슬픔이 맺힌다

끝에서 만난 문장

짧은 문장 하나
사이에 두고 노려본다, 사자가 먹잇감을 사냥하듯
행간과 행간 사이의 의미
문장 속에 숨어 있는 이야기 찾을 수 없어
동굴 속으로 빠졌다

아지랑이처럼 흔들리는 문장
검은 점들이 하나둘 솟아
허공 가득 검은 숲이 되었다
길을 잃었다

한 편의 시를 위해
돌을 다듬듯
뼈에 새긴 글자 하나하나
흘리던 핏물로 밤을 지새운 시인의 시간은
자물쇠처럼 잠겨 있다

혼돈의 카오스가 되어버린 생각의 미로
뜬 눈으로 새운 밤

벌게진 눈이 글자를 뚫어버린다

아주 느린 걸음으로

살을 에일 듯한 바람 등에 맞으며
폭풍처럼 휘몰아치던 더위에 쉼표 찍듯
웅크린 몸 감싸안으며 한발 한발 꾹꾹 새긴
굵고 선명한 나이테
읽고 또 읽어도 끝이 없는
마디마다 새긴 이야기 가득하다

버석거리는 껍질 속 숨겨진 여린 속살
구석구석 마르지 않은 얼룩이
젖은 종이의 잉크처럼 번져 감춰지지 않는
집요한 생명선
소리 없는 침묵이 깊다

우리는 그렇게 시간을 걷는다

익어간다

가스레인지 위에 고구마가 새까맣다
집안 가득한 연기

그거 저기 있잖아
머리 맞대야 한자씩 완성되어 가는 낱말
단어 하나 나오는 데 천 년의 징검다리를 건넌다
기억은 풍선 바람 빠지듯 점점 작아져
잊지 말아야 할 것이 잊혀간다
때로는 답답하고 서글프지만
그래도 함께 입 맞추어줄 사람 있어
웃는다

무심히 서로를 바라보는
잃 어 버 리 고, 잊 어 가 는 지금
나이 든다는 건
그렇게 나를 익혀가는 것

그림자

곧게 쏟아져 내린 빛
도시의 소음에 귀 막고 바닥에 누웠다

검게 뭉개진 몸뚱이
작은 바람조차 허용하지 않고
이리저리 짓밟혀도 발끝에 매달려
거미줄에 걸린 나비처럼 도망칠 수 없다
빗소리에 길을 잃고 잠시 숨었다가
슬그머니 다가와 내 곁에 머문다

고요히 한 곳에 멈춰 바라본다
빛을 잃은 너 까맣게 물든 마음에
찾아오는 하얀 빛
또 다른 나
그리고 너

낡은 신발

새벽빛 파란 꿈을 그리며
풀어 헤쳐진 끈을 조여 매고
가쁜 숨결로 거리를 달렸다

고된 노동의 먼지를 뒤집어쓴 빛을 잃은 가죽
돌부리에 찢겨 너덜거리는 밑창이
검은 입을 벌린다
한 걸음 내디딜 때마다 답답해지는 숨소리
얼룩진 비명에 또 다른 얼룩이 덧칠해져
너조차 너를 알아볼 수 없게 된
지금

비릿한 땀방울 쿰쿰한 냄새
고단이 몰고 온 시간을 내려놓은
먼지 쌓인 하루가
조여진 매듭을 풀고
신발장 한구석에 잠들어 있다

어디쯤

길을 잃었다
처음부터 있지도 않은 길을 걸었는지도 모른다
캄캄한 터널
빗줄기는 몸부림치며 땅을 두드린다

성난 파도처럼 휘몰아친 어둠
나침반을 잃은 조각배처럼 위태롭게
홀로 버텼다
가지 않은 길에 대한 미련
원망조차 할 수 없었던 숨죽인 아픔이
입술 끝에 맺혀 눈물로 흘렀다
슬픔에 심장이 출렁인다

소용돌이치는 물결을 버틴 물고기 한 마리
풀숲 찾아 파닥거리며
가야 할 길을 찾는다
터널이 말을 걸어온다

여행 가방

이삿날 버려진 가방 하나
경비실 옆에 비를 맞고 서 있다

길바닥에 뒹굴던 깡통처럼
긁히고 찌그러져
앙상한 손잡이만 삐죽이 솟아 있다
망가진 열쇠는 떠나고
헐거운 빈속만 드러낸 채
허공에서 덜컹거리는 바퀴
가방 가득 채우고
세상을 힘차게 걷던 걸음
단단하고 빛나던 모습은 사라졌다

세상 모서리에 찍혀 흠집투성이 무너진 몸통
목적지만 남겨진 스티커를 붙이고
비를 맞고 있다

인내의 끝

나는 불가마에서 바싹하게 구워진 채
세상에 나왔다
돌처럼 단단하고 네모반듯하게 생겨
안과 밖 이루는 담장이 되어
작은 틈도 허락하지 않았다

시간이 갉아먹어 빛을 잃은 붉은 담장에
가는 실처럼 생긴 작은 틈
어디에도 쉴 곳 없어 날아온 씨앗 하나
벌어진 마음에 꼭 안고 외롭게 서 있었다

각진 모서리 맞닿은 마른 살결
이슬 한 모금 받아먹고
바람의 온기 끌어모아
풀꽃 하나 피워냈다, 그렇게

커피잔에 풀어지는 노을

창 허리에 걸터앉은 석양이
실눈 사이로 성큼 들어오면
다크초콜릿 커피 향이 나를 끌어안는다

나부끼며 맵시 뽐내던 낙엽
이리저리 날아 거리에 융단을 깐다
바스락바스락
밟고 지나간 자리는 아픔이다

창밖 스치듯 지나는 무심한 얼굴들
문득, 마주친 눈 속에 스러져가는 나를 본다
바람이 어깨를 토닥인다
노을 스민 커피를 마신다

3부

숨결조차 쉼표가 된 정적

내게 멈추지 않는 고요가 있어

보랏빛 물드는 저녁
바다가 풀어낸 하얀 알갱이
세상 빛나는 어느 곳에도
나는 있다

은은하게 퍼지는 황금빛 별들의 반짝임
부드럽게 녹아드는 크림빛 보름달 속삭임
차창을 스치는 헤드라이트 생기 어린 질주
골목을 따스하게 비추는 오래된 기억 같은 가로등에도
나는 있다

깊은 바다처럼 침묵하며 고요히 숨 쉬는
내 안에 숨겨진 수많은 빛 풀어내어
그림 같은 세상을 만든다 마법처럼

새벽이 오기 전 어둠이 가장 깊듯
조용히 품어 기다리는 그래서 더 빛나는
나는 블랙이다

렌즈는 울지 않는다
- 퓰리처상 사진전을 보고

귀를 찢는 폭탄 소리
검붉은 꽃이 하늘을 덮었다
움푹 패인 구덩이 사나운 이빨을 드러내며
종잇장처럼 구겨진 집
잿더미에 묻힌 일상이 비명을 지른다

누더기 사이로 보이는 까만 속살
구부정하게 기울어진 몸뚱이
버거워진 삶의 무게만큼 커다란 포대를 멘 사람들
무너진 하루를 지고 울퉁불퉁한 흙길 맨발로 걷고
있다

뒷골목 잔해 더미 굶주림에 웅크린 어린아이
말라붙은 눈물 자국에 달라붙은 파리 떼
겁먹은 눈동자 껌벅이며
하얀 이가 말갛게 웃고 있다

감을 수 없는 렌즈의 텅 빈 눈
무심한 마음 눈물조차 메말라버린
소리 없는 비명만이
흑백 사각 틀에 갇혔다

〈

진실 같은 거짓, 거짓 같은 진실
그 아픔의 시간을 기억한다

그 자리의 상수리나무

백양사 오르는 길가에
숨조차 침묵하는
나무를 보았습니다

모진 세월에 찢어져 낱낱이 드러난 속살
조각난 돌처럼 날카롭게 갈라진 나뭇결
움푹 패인 옆구리 비틀린 자리로
바람만 무심히 지나갑니다
땅마저 지쳐 그을린 날
공기마저 하얗게 얼려버린 칼날에
희고 매끈하던 살결은 거친 비늘이 되었습니다

호미질에 뒤집어쓴 흙먼지
땀으로 얼룩진 얼굴에 메말라버린 검은 꽃
세월에 새겨 늘어난 주름만큼
고단했던 당신의 하루를 먹고
나는 자랐습니다
자신을 비워내고 비워내어 끝없이 등을 내어준
흉터 가득한 숨결이었습니다

갑옷처럼 단단한 껍질 속 비워낸 자리

등 굽은 땅 위에 새긴 풍경처럼
잠들었던 나무가 연둣빛 속삭임을 기다리는
당신을 닮은 나무입니다

잃어버리다

산을 내려온다
흔들리는 진달래를 바라보는 텅 빈 눈
연 하나가 한 점 되어 사라질 때까지 쳐다본다

문 열고 들어오면 환하게 웃던 눈가의 주름
차가운 수건 이마에 놓아주며 짚어주던 따스한 손길
사르작 사르작
치마 소리 귀 기울여 보지만
더 이상 들리지 않고
까만 슬픔이 고개를 든다

산속 집 하나 짓고 눈물지으며 내려오던 그날
시간이 지나도 치유되지 않는
깊숙이 가라앉힌 이별
오늘따라 더 깊다

흔들리는 풀

그때도 그랬다
거대한 소용돌이가 지난 후
화려했던 꽃은 뿌리가 뽑히고, 나뭇가지는 꺾었다
보지 못하고 보려고 하지 않았던
쓰러지고 베어진 풀들이 서로의 아픔을 보듬으며
메마른 땅에 뿌리 내렸다

이름 모를 산속에 쓰러져 묻히고
손톱이 곯아 빠지는 아픔에도 놓지 않았던 빛의 노래
나의 죄를 물을 수 없다고 꾸짖던 당당한 외침 이 모두
숨 한번 크게 못 쉬고 짓밟히던
길가에 흔히 보던 풀들이다
그리고 지켰다, 이 땅을

불어오는 바람이 거세다
변신을 시작한 카멜레온 옷을 갈아입고
썩은 뿌리가 다시 꿈틀거리며 거짓된 소리가 허공에 뿌려진다
온몸이 빨갛다
다시 곪은 상처 스치는 바람에도 살갗이 아프다
역사를 잊은 민족에게 미래는 없다
이 말이 커다란 울림으로 다가오는 것은 나만일까?
다시금 커다란 울림으로 다가온다

보도블록 전시장

비수처럼 내리꽂히는 햇살
한낮의 열기로 숨마저 익어가는 보도블록
누군가의 혀끝에서 달콤했던
짧은 생을 뒤로 하고
버림받고 짓밟혀 남겨진 까만 눈물 자국

멍한 시선 끝에
꽃이 피고 나비가 날고 나무가 자라
꽃밭이 되어 걸음을 잡는다

용광로처럼 달구어진 길바닥 더러운 바닥에
가장 낮은 자세로
비 오듯 쏟아지는 땀방울을 풀어내어
만들어낸 하나뿐인 세상
숲이 되고 향기가 흩날린다
어느 무명 화가의 숨결로 그린
오직 하나뿐인 미술관이다

스러지다 또다시

담장 밑 자그마한 화단 귀퉁이 채송화
메마르고 거친 땅 헤치고 힘겹게 뿌리내렸다
세상과 마주 서기는 너무도 약하고
짓밟히고 뽑혀 버려질지도 모르는 불안에
지나는 발소리에 놀란 가슴 움켜잡고 숨죽이며 살았다
타는 듯한 갈증에 이슬방울 마시며
초록 잎 사이 여린 숨결 감싸안으며
간절히 기다린 따스한 온기

햇살마저 등 돌린 그늘진 모퉁이
날 선 바람이 살결을 헤집고
작달비에 흠씬 맞아 부러진 여린 줄기
허공에 닿은 뿌리 하얗다 별이 된 아이

언젠가
세상 빛으로 태어나고 싶었던 고운 꿈
그렇게 가슴에 멍울 한가득
무성하게 남기고 스러졌다 빈자리

잃어버린 시간

오후가 되어도 안개는 걷히지 않는다
섬에서 시작되어 도시를 덮었다

가벼운 깃털의 분주한 움직임
끊임없이 쏟아지는 가짜 뉴스
새장 속 숨죽이던 까마귀 골목을 누빈다
썩은 나무통에 숨어 있던 벌레들
마음속 불안을 갉아먹으며 세를 불린다
남의 깃털로 꾸민 까마귀의 화려함에 눈멀어
외면당한 진실 옳고 그름에 눈 감는다
점점 커져 빠르게 퍼지는 거짓들
시간이 흘러도 변하지 않고 깊어진다

거짓에 빼앗긴 깃털 새의 울음은 통곡이다
봄을 잃은 뜨거운 심장 피어보지 못한 꽃잎
나와 너, 잃어버린 우리

걸어가는 담쟁이

막장 같은 콘크리트 담장
빨판처럼 생긴 공기뿌리로
모진 바람 견디고 있다

숨 막히는 더위 끌어안은 잎사귀
꽃 진 자리에 포도알 같은 열매 달고
금빛 버렸다

바스러질 듯한 마른 잎 하나 남은
위로 옆으로 때론 아래로
뻗는 것을 주저하지 않으며
빈 줄기로 더욱 선명해진 생을 기다린다

천천히
천천히

어쩌다

빗방울이 화살처럼 땅에 내리꽂혔다

패이고 부풀어 오른 상처
더 이상 버티지 못한 산
천둥 같은 소리와 함께 무너져
길을 덮었다
강둑을 밀어 버린 거대한 물줄기
찰나의 순간,
삶과 죽음 경계를 무너뜨리고
어둠 속 부릅뜬 까만 동공
입안 가득 채우는 빠알간 핏물 그리고

창문에 부딪혀 떨어지는 눈물방울
흐르지 못하고
허리 잘린 산은 둥둥 떠서
내게로 다가온다

거짓말 걷어내기

눈에 거슬린다
언제부터인가 선에 묶여 파닥거린다
나무 타고 오르는 덩굴처럼 선을 타고 흐르는 말
잘라도 잘라도 끝이 없다

홍수처럼 쏟아지는 거짓된 소문
실핏줄처럼 구석구석에 깊숙이 퍼져
모순이 사고를 정지시킨다

독 사과의 달콤한 유혹
눈먼 어리석음에 기대 빠르게 파고들고 순간,
광대가 되었다

뒤엉킨 거짓을 걷어낸다
나무는 나무로
나는 나로 숨을 쉰다

어우러지다

불이 꺼졌다
소란스럽던 무대 정적이 오고
쏟아지는 핀조명 한 곳을 응시한다

건반 위 물 흐르듯 섬세하게 움직이는 손가락
힘차게 튀어 오르는 88개의 물방울 소리
토해내는 듯한 G현의 떨림 오래된 침묵을 깨우고
물결처럼 번지는 E현의 부드러운 음색 따라
초록으로 들어간다

두 개의 악기가 하나 되어 펼치는 이야기
골짜기 시냇물 리듬에 맞춰 나비가 춤춘다
꽃잎이 물의 결을 자아낸다

시간이 멈춰버린
숨결조차 쉼표가 된 정적의 객석
마치 하나인 것처럼

슬픔의 무게

그날 꽃송이들 어둠에 묻혔다

이리저리 흔들리던 물결 좁은 골목을 까맣게 물들였
다 밑은 보이지 않고 버티지 못한 다리는 떠밀리기 시
작했다 발과 발이 엉키고 도미노처럼 쓰러진 사람들 한
점에서 시작된 파도는 쓰나미 되어 휩쓸고 견딜 수 없
는 무게가 온몸을 짓눌렀다 점점 잃어가는 의식 속 처
절한 비명은 아득히 멀어져 갔다 하얗게 떠다니는 소리
더 이상 들리지 않고 거대한 통곡의 산이 되었다 그 밤
빛은 사라지고 어둠이 세상을 덮었다 찰나의 순간 스친
공포와 마주한 두려움이 땅으로 내리꽂혔다

그리고
꽃잎은 흘러내렸다

울지 않는 숲

굉음과 함께 농약이 비처럼
푸른 숲에 내렸다

벌의 비틀린 날개
바람 따라 춤추던 나비
헐떡거리던 새의 가슴은 멈췄다
울지 않는 숲 감지 못한 허연 눈동자
바늘이 멈춘 낡은 시계같이
사라진 봄은 오랫동안 오지 않았다

시간의 품에 울음을 묻은 자리
잠잠한 물결이 튀어 오르고
흙냄새 따라 벌레들이 숲에 스며들면
벌과 나비 다시 날겠지

초록의 맥박이 다시 뛰고
보이지 않는 생기가 문턱을 넘겠다

빈 둥지

네가 머물던 자리는 텅 비었다
동박새의 빈 둥지처럼

몸을 갉아대며 뼛속까지 스며드는 침입자
곪아 터진 상처는 더욱 깊다
구부러진 다리 꺾인 날개로
하루하루 힘겹게 견디던 수많은 날
듬성듬성 뜯어진 각질의 누더기에 누워 있던
작고 여윈 몸뚱이 불꽃 되어 날아갔다

빈 둥지 끌어안은 어미 새의 울음
허공을 찢고
숨을 멈춘 검은 구름은 하늘을 쏟아냈다
피조차 흐르지 못하고 굳어버린 심장,
떨어진다
돌보다 무겁게

4부

부딪힌 말들이 가득한 골목

출렁거리는 어둠

땅거미 스며드는 도시의 벽
흔들리는 희미한 빛에
그림자 길게 누우면

뒤죽박죽 엉켜버린 머릿속
블랙홀처럼 사라져 버린 기억에 커지는 두려움
점점 빨리 사라지는 기억은
고장 난 재봉틀처럼 삐걱거리며
출구 없는 미로를 박는다
움푹 꺼져 검게 물든 땅
서성이는 걸음 선뜻 내딛지 못한다
구부정한 어깨 위에
오래된 시계추가 매달려 원을 그린다

흐릿해진 눈은 가시 찔린 듯 아파오고
허연 머릿결이 날린다
그렇게
당신의 시간은 출렁거린다

획

횡단보도 마주 선 표정 없는 얼굴들
시간이 멈춘 듯 떠도는 멍한 눈빛
구두 끝이 뽀얗다
지치고 힘든 하루
추위에 떨며 종종거리는 사람들
달려드는 자동차 소리에 깨어진 정적
안경에 들러붙는 거친 숨에
흐릿해져 보이지 않는 세상을
호호 불며 닦는다
장갑 끼고 털목도리 두르고
크리스마스 캐럴 울리는 거리를 걸었던 날들
포장마차 술 한잔에 흥얼거리며
군밤 하나 나누던 까만 입술 뜨거운 마음
밤새워 헤매던 청춘의 거리
묻어둔 세월의 무게만큼 커진 마음이
하늘 호수에 내려 반짝인다
토끼 한 마리 지나간다

네 감은 눈에 입 맞추면

얼어붙은 땅속
실타래처럼 엉킨 실뿌리
어둠 속에서 작은 생명 품고 뒤척인다

어둠의 품에 터지지 않은 날개로
시간을 먹으며 기다린 온기
깊이 내린 실핏줄을 도는 여린 맥박
오랜 시간 준비된 매듭 천천히 푼다
희미한 빛 향한 눈동자 공중을 맴돈다

숨겨진 심장은 대지를 찢어내고 밀어 올려
세상을 향해 날아오른다
그렇게 일어선다
박동 소리 들린다

오래된 빛

난 오래전 태어났다
낮과 밤이 없는 집현전에서
살갗 찢는 바람이 부는 시베리아 벌판
끝없는 눈밭에 얼어붙은 발자국 찍으며
오고 가기를 몇 해
문살 모양 입안 가득 품어낸 소리
아끼는 마음에서 태어났으나
이리저리 밀리고 차이며 드러내지 못한
벽장 속 먼지 풀풀 날리는 조각들
돌담 밑에 버려졌던 소리 빛이다

서로 다른 우리
더하기 빼기를 거듭하며
집을 짓고 울타리 만들고
온몸 부딪혀 언 손 따뜻하게 녹이며
살아온 날들

이제
더 넓은 세상에 나와
큰 빛으로 섰다

어때

아파트 현관 옆 응달진 화단
가지 많은 목련 한 그루
다투어 피고 지는 꽃들 사이
부리조차 보이지 않는다
먼저 온 꽃잎들 바람비에 흩어질 때
하얀 속살을 수줍게 드러내며
나도 봄이야

어둑해진 하늘 가지 끝에 널리면
목련꽃 하나둘 꽃등 걸고
등 보이며 떠나는 봄을
다시 한번 붙잡는다

뭐지
하던 마음 사라진다
조금 늦으면 어때

거기, 누구 없나요?

짙다
도심 한가득 내려앉은 안개는
빽빽한 빌딩을 잠재우고
희미한 빛을 숨긴다
질질 끌며 다가오는 구둣발 소리
벽에 부딪힌 말들이 가득한 골목
사람은 보이지 않는다
뒤엉키고 늘어진 줄 하나
확
다가와 목을 감는다
하수구에서 올라오는 내장 썩은 냄새
질척질척 얼굴에 달라붙는다
미로를 헤매다 길을 잃을 것 같아
숨을 쉴 수 없다
길을 찾아야 하는데
안개는 자꾸만 장벽을 쌓는다
저, 여기 있어요

비워진 자리

무덥고 습한 바람에 숨죽이던 색깔들
갈색 물감은 계절을 푼다

긴팔 긴바지가 따뜻하게 마음에 들어오면
종종거리며 옷장을 정리한다
버리지 못해 걸어두었던 더위
옷장 구석 눈길조차 받지 못하고
이리저리 밀린 옷들 수거함으로 보낸다

허리 한번 펴지 못한 시간
콧속은 맹맹하고
등이 아픈 하루가 눌러앉는다
비워진 자리 욕심을 밀어낸 색바람
한줄기 들어와 앉는다
가만히

가을사위

하늘이 어스름을 물고 오면
고요가 깃드는 시간

파르르 흔들리는 물결을 빗질하고
동심원 그리며 떨어지는 나뭇잎
바람 따라 현을 타는 갈대는 음악이 된다

한여름 뜨거웠던 사랑 신명 나던 춤사위도
갈바람에 떠나보내고
흰 머플러로 나부낀다

저녁이 내게로 오는 시간
백아의 연주는 나의 노래가 되어
목청껏 불러본다 출렁이는 가을

지금은 소나기가 지나는 중

우렛소리 가까워지고 순간을 집어삼킨 캄캄함
거침없이 달려오는 말발굽 소리 쏜살같이 지나가면
젖은 옷은 어깨에 걸려 늘어지고
신발은 얼룩이다
처마 밑 웅크린 발등 사이
시간이 흐르고 새 빛 쏟아지면
성큼성큼 다가오는 먼 산
고개 숙였던 풀들 힘차게 서서 초록을 흔든다

삶도 때로는 그렇다
산그림자 내려오듯 가파른 길 끝을 헤매지만
가고 또 가다 보니 굵어진 마디
지친 어깨 토닥이는 바람 분다
한여름 지나가는 소나기처럼

미련 하나

먼지 쌓인 책장에 빛바랜 일기장
지나온 세월 말라버린 나뭇잎 하나
툭

당겨진 활시위처럼 팽팽하게 살아왔던 삶
어딘가에 숨어 있던 조각들
실루엣만 아스름하다
흩어진 자리 잔 빛 내려앉은
책갈피에 고이 담긴 그리운 약속
낡은 사진첩을 꺼내본다
사랑이 머물던 눈빛은 지워지고
맑은 유리잔에 부딪힌 웃음소리
먼 산등성이 메아리처럼 희미하다
이제는 부를 수 없는 이름
멈춰버린 계절이 흐려진 테두리에 머문다

차다
팔랑거리던 낙엽 발끝에 앉으면
떠나려는 가을을 따라간다

소리, 받아들이다

매미가 운다
밤새 내리던 비가 그쳤나 보다
빛보다 먼저 온 소리에 일어나지 못하고
어두운 창밖을 듣는다

빈 껍질만 남겨둔 채 날아
젖은 날개로 생명의 끈 잡으려는 절규
처절한 날갯짓이다
불꽃처럼 타오르는 뜨거운 구애의 몸짓
달콤한 속삭임 뒤에 깃든 생명 그리고,
또다시 시작된 기나긴 기다림
울림 없는 시간이다

자그러운 소리에 날 선 마음
잠시 접어두고
초록 숨결에 귀 기울인다

바람의 시간

잿빛 하늘 가득 채운 산티아고 순례길
오래된 돌담 햇살에 깨어나는
고요한 새벽 발끝에 잡고 길을 나선다
나무 한 그루 보이지 않는 평야
거친 자갈길에 흙먼지만
소리 없는 바람에 풀석거린다
등을 짓누르는 묵직한 배낭
부르트고 터진 발가락에
진물이 번진 아픔을 밟으며 시간을 걷는다
일상을 벗어 던지고 떠난 여행
지는 해를 붙잡는 작은 십자가의 기도
침묵으로 위로한다

천천히 멀어지는 발자국 소리
하루 끝에 피어나는 노을빛 창틀에 앉으면
거울 속 비친 은빛 그림자가
가만히 쳐다본다
끝없이 비워내며 걷는 길
〈

나도 오늘 나를 쓴다

잊혀지지 않을 길 위에

오르다

턱 밑에 붙은 숨이 가슴 터질 듯 차오르고
등줄기로 미끄러지는 끈적한 땀방울
골짜기 건너온 바람이 뺨을 스친다
땅바닥을 마주 보는 겸손한 허리
모래주머니 매단 것처럼 무거워진 다리로
한발 한발 오르다 보면 탁 트여 펼쳐진 세상
구름은 하늘을 거닐고
은비늘로 돌아앉은 나뭇잎 물결이 사그락거린다
먼 곳의 뻐꾸기 소리 이련해지면
거울처럼 맑은 물소리에 땀을 식힌다

산 넘어 또 다른 산
산등성이는 끝없이 이어지고
굽이굽이 돌고 돌아가야 하는 길
바람이 분다

봄밤을 풀다

바람 한 줄기 씨실 날실 삼아
흔들리는 밤
실타래처럼 뒤엉킨 생각
희미해지는 자판만 노려보다 밖으로 향한다
반짝이는 은빛 너울
한삼 자락 휘날리는 버들가지 손짓 따라
풀벌레 여린 노래에 발길을 접는다
한 걸음 한 걸음 내딛는 봄밤
걱정 불안 초조 막막을 꾹꾹 밟으니
까만 머릿속에 샛별 하나 반짝인다
스르륵 풀려 비워진 자리에 차오르는 낱말들
걸음마다 몽우리 맺히니
내일은 꽃이 만개하겠다

발끝에

은하수 초록 나뭇잎 위로
팝콘 터진 듯 피어나
불빛 보이지 않는 거리
가지마다 꽃등 달고
나란히 서서 어둠을 밝힌다
비를 맞고 떨군 흰 숨결
길이 되고
살포시 밟으면 아플까 봐
걸음 떼지 못하고 망설이는데
발끝에 내려앉은 꽃잎 하나
떠나는 젊음을 잡고 있다

별을 건지다

겨울 바다에 별이 풍덩거린다
흔들리는 난간 너머 거친 그물을
힘껏 당기는 어부의 꿈은 만선이다

하얀 입김 헉헉 내뱉는 밭은 숨소리
코끝은 빨갛게 얼어붙고
수세미처럼 거친 옹이 박인 손이
파닥이는 은빛을 끌어올린다

밤새워 밝히던 집어등이 흐릿해지면
동쪽에서 밝아오는 희망이
어부의 볼에 붉게 번진다
깊게 패인 주름마다
별이 가득하다

길항하는 세계와 중첩된 존재 사이에서

조동범

우리가 살고 있는 세계는 하나의 시간과 공간에 놓인 것이지만 그것은 끊임없이 다른 세계와 영향을 주고받으며 나아가기 마련이다. 하나의 세계만으로 이루어진 일방적인 영역은 없다. 타자와의 관계 속에 우리 자신이 존재할 수 있는 것처럼 세계는 항상 다양한 스펙트럼을 갖는다. 또한 타자와의 관계뿐만 아니라 하나의 존재 안에도 무수히 많은 것들이 공존한다. 시적 화자 역시 마찬가지다.

시인은 이번 시집을 통해 시적 화자 안에 존재하는 무수히 많은 것들을 소환하려 한다. 그것은 기존 시적 화자와 다른 모습으로 등장하기도 하지만 시인 자신이기도 하다. 시인은 우리 안에 존재하는 다양한 존재를 호명함으로써 여러 모습으로 현현하는 자아를 살펴보고자 한다. 동시에 이러한 시각을 통해 다양한 층위와 결을 지닌 세계를 호명하고자 한다.

나는 접힌 종이다

물감을 쌓아 문지르고

접힌 몸을 펼치면

닮은 듯 닮지 않은 듯

나의 그림자를 본다

입술에서 피어난 꽃의 말이

향기처럼 스미기를 바라던 바람이

날카로운 칼이 되어 심장을 베었다

두껍게 접힌 자리 말 대신 꺼낸 침묵

마음을 내린다

말하지 않아도 괜찮을 줄 알았다

넘기지 못한 페이지는

창 너머 뒤돌아선 그림자처럼

밤의 뒷장에 숨었다

시간이 흐릿해지면 사라질 줄 알았던

기억의 테두리에 감춰진 머문 하루

꽃이 핀다

〈

나는 펼친 종이다

- 「데칼코마니」 전문

데칼코마니는 프랑스어로 '옮긴다'는 의미를 지니고 있으며, 종이 등을 덮어 문질러 동일한 그림을 만드는 미술 기법이다. 이때 원본과 동일한 그림은 복제된 세계이며 또 다른 원본이 된다. 하지만 데칼코마니 기법으로 그린 그림은 두 개의 동일성에도 불구하고 완전히 같은 것이라고 볼 수 없다. 시인은 데칼코마니를 통해 시적 자아의 또 다른 모습을 응시하고자 한다. 시인이 인식한 '나'의 모습과 "닮은 듯 닮지 않은" "나의 그림자"는 감추어진 자아라고 할 수 있다.

시인은 끊임없이 자신 안에 감춰진 것들을 찾고자 한다. "넘기지 못한 페이지"를 뒤적이며 또 다른 모습과 세계를 발견하고자 한다. 그러나 또 다른 "나의 그림자"는 상처로 가득한 존재다. 자신이 담고 있는 상처를 발견한 자아는 "날카로운 칼이 되어 심장"을 베는 듯한 고통과 마주한다. 그리하여 시인은 이내 침묵을 택한 채 마음을 내리려 한다. 「데칼코마니」는 우리 안에 있지만 애써 외면하고 있는 상처를 말한다. 내 안에 감춰진 모습을 온전히 응시함으로써 '나'라는 실체에 가장 가까이 다가서려고 한다. "시간이 흐릿해지면 사라질 줄 알았던" 상처를 제대로 바라보았을 때 비로소 꽃이 필 것이다.

이 작품은 "나는 접힌 종이다"로 시작해서 "나는 펼친 종이다"로 끝난다. 시인은 접힌 상태의 데칼코마니를 통해 감춰진 자아를 발견하게 되는데, 그랬을 때 비로소 온전한 주체가 될 수 있음을 말하고자 한다. "나는 접힌 종이다"는 시적 자아가 처한 상태에 대한 고백이며, "나는 펼친 종이다"는 접힌 종이 이후에 마주하게 된 온전함에 대한 선언이다.

나는 너의 눈 속에 갇혀 산다

너는 청소부다 부스스한 머리 어둠을 먹고 자란 말들이 입안에 가득하다 칫솔을 움켜쥐고 지휘자가 되어 지휘봉을 휘두른다 낱낱이 부서지는 조각난 말, 때론 미풍에 흔들리는 꽃잎처럼 부드럽게 쓸어내린다 사정을 두지 않는 거친 손놀림 부풀어 올라 잠들어 있던 슬픔을 뱉는다

너의 손가락이 날고 있다 피아니스트의 날렵한 손가락이 건반을 두드려 아름다운 화음을 만드는 것처럼 화장대 앞에서 펼친 마법 카멜레온의 변신처럼 눈가의 주름은 사라지고 칙칙했던 얼굴에 피어나는 뽀얀 피부에 짙은 눈썹과 붉은 입술이 빛난다

〈

너는 코디네이터이다 옷장 한쪽에 잠들었던 옷들이 공
작새 날개처럼 펼쳐진다 여린 나뭇잎 사이로 햇살 날아들
어 반짝거리고 까만 바위틈을 메우는 하얀 포말처럼 겹겹
이 감싸는 화려한 패션쇼 미소가 라일락 향기처럼 피어난
다

네가 떠났다 얇은 유리 한 장 사이 갇힌 나, 분주했던
시간이 지나고 도시의 붉은빛이 사라지듯 어두운 정적 속
에 가라앉는다 껍질을 벗고 내일을 꿈꾸는 나비처럼 텅 빈
공간에 빛이 찾아와 그녀의 향기 속 다시 빛날 시간을 기다
린다

- 「유리기억」 전문

「유리기억」은 시인의 외부에 놓인 '너'를 통해 길항하
는 두 세계의 간극을 말하고자 한다. 시적 자아 외부에
놓인 타자는 '나'로부터 분리된 존재이며, 떠났기 때문
에 '나'와 합일에 이를 수 없다. '너'는 청소부이기도 하
고 코디네이터이기도 하다. 그리고 나는 "너의 눈 속에
갇혀" 산다. 나는 '너'의 눈 속에 살고 있지만 둘은 분리
된 세계로 남은 존재들이다. 그렇기 때문에 '네'가 떠나
자 '나'는 "유리 한 장 사이"에 갇혀버리고 만다. 유리로

분절된 두 세계 속에 '나'와 '너'는 분리되고 마는데, 이들은 영원히 만날 수 없을 것만 같다. 윤문순 시의 비극성은 이렇게 유폐되어버린 자아의 만날 수 없는 것으로부터 비롯된다. 일반적으로 길항하는 두 세계는 영원히 만날 수 없는 법이다. 시인이 설정한 자아는 하나의 존재지만 영원히 만날 수 없는, 두 개로 나뉜 채 길항하는 존재들이다.

　　나는 점이다

　　아무것도 끝도 없는 어둠 속
　　빅뱅으로 빛난 우주
　　푸른 생명으로 태어났다

　　빛이 없이 침묵으로 가득한 곳
　　어둠 물고 온 생명
　　세상을 품은 씨앗 하나
　　갈라진 땅 힘차게 들어 올려
　　날개 활짝 펴고 여름빛 잡아 피워 올린 꽃
　　세상 밖으로 날아올랐다

　　점과 점 사이에 서서

갈라진 틈과 틈을 메우며 지나온 시간

부딪혀 긁힌 상처는 거칠지만 단단해졌다

굽어진 자리마다 따뜻하게 스며든 온기는

길이 되었다

나로 시작해 나로 돌아가는 억겁의 시간

먼지처럼 작지만

이름을 잃지 않기 위해 오늘도 꿈꾸는

나도 점이다

- 「여백에 앉은」 전문

시인이 응시하고 있는 세계는 상처로 가득한 세상이다. 이러한 비극을 이겨내기 위해 시인은 시간을 견디고 있다. 시인이 인지한 시간은 "갈라진 틈과 틈을 메우며 지나온" 것이기에 그의 삶은 상처를 치유하기 위한 행보였다. 그러한 상처는 거친 고통으로 가득한 것이지만 "부딪혀 긁힌 상처는 거칠지만 단단"해졌다. 이러한 상처의 비극 끝에서 마주하게 되는 것은 "굽어진 자리마다 따뜻하게 스며든 온기"다. 그리고 그것은 길이라는 삶의 여정으로 치환되기에 이른다.

시인은 그것을 "나로 시작해 나로 돌아가는 억겁의

시간"이라고 부른다. 결국 시인이 자신의 내면이나 밖에서 찾던 것은 잃어버린 자아의 모습인 것이다. 불화하며 길항하는 세계도 그렇고 '나'의 밖에 존재하는 또 다른 자아를 탐문하는 것도 마찬가지다. 결국 이 모든 것은 "나로 시작하여 나로 돌아가"기 위한 것이다. 나로 돌아가기 위해 시인은 억겁의 시간을 견디는 것도 감내하려 한다. 그리하여 '나'는 "먼지처럼 작지만" 나라는 "이름을 잃지 않기 위해 오늘도 꿈꾸는" 존재가 되고자 한다.

달을 품어 안은 구름이 유리창을 두드린다

빛의 숨결은 구름 사이로 흘러

흰 나비처럼 가벼운 몸짓으로

어둠의 결을 따라간다

가로등 불빛에 잠들지 못하는 벚나무

호흡을 멈춘 가지 끝으로

밤의 장막을 걷어 올린다

끝내 잡히지 않는 빛의 조각

바람결에 흩어진 홍건한 어둠이

얼굴을 어루만진다

빗방울에 움푹 파인 웅덩이처럼

떨어진 자국마다 불안이 깊어진다

〈

쓰고 지우기를 반복해 덧칠해진 문장

무늬 없는 감정이 겹겹이 쌓여

바닥을 꿈틀거린다

- 「팰림세스트」 전문

　팰림세스트는 고대 문서나 필사본을 이르는 말이다. 본래의 글을 지운 뒤 그 위에 새로운 내용을 덧씌운 양피지나 문서를 의미한다. 팰림세스트는 하나의 양피지에 두 세계가 중첩된 것이라고 할 수 있다. 원래의 내용은 지워졌지만 그것의 흔적은 남아 나중에 기록된 것들과 하나가 된다. 그럼으로써 길항하는 두 세계는 하나의 세계로 합일되며 통합에 이른다. 우리의 삶이 바로 팰림세스트와 같은 것이 아닐까 싶은 생각도 든다. "쓰고 지우기를 반복해 덧칠해진 문장"이 바로 우리 삶의 본질일지도 모른다. 수없이 많은 시행착오를 거치며 완성해가는 것이 바로 삶이다. 그런 점에서 팰림세스트야말로 삶의 실체를 적확하게 드러내는 상징이다.

　　귀를 찢는 폭탄 소리

　　검붉은 꽃이 하늘을 덮었다

　　움푹 패인 구덩이 사나운 이빨을 드러내며

종잇장처럼 구겨진 집

잿더미에 묻힌 일상이 비명을 지른다

누더기 사이로 보이는 까만 속살

구부정하게 기울어진 몸뚱이

버거워진 삶의 무게만큼 커다란 포대를 멘 사람들

무너진 하루를 지고 울퉁불퉁한 흙길 맨발로 걷고 있다

뒷골목 잔해 더미 굶주림에 웅크린 어린아이

말라붙은 눈물 자국에 달라붙은 파리 떼

겁먹은 눈동자 껌벅이며

하얀 이가 말갛게 웃고 있다

감을 수 없는 렌즈의 텅 빈 눈

무심한 마음 눈물조차 메말라버린

소리 없는 비명만이

흑백 사각 틀에 갇혔다

진실 같은 거짓, 거짓 같은 진실

그 아픔의 시간을 기억한다

- 「렌즈는 울지 않는다」 전문

풀리처상 사진전을 보고 쓴 「렌즈는 울지 않는다」는 사진 속 고통을 우리 앞에 펼쳐 놓는다. 카메라 렌즈를 통해 바라본 세계는 이편과 저편으로 나뉜다. 사진을 찍는 이 역시 피사체와 같은 공간에 있지만 렌즈로 세상을 바라보는 자와 렌즈 너머에 있는 사람은 분명하게 나뉜다. 렌즈에 포착된 전쟁의 참상은 어떻게 모습을 드러내는가. 사진은 생생하게 비극적 장면을 보여주지만 그것은 이미 지나간 시간이다. 또한 렌즈를 통해 바라보는 비극은 그 고통의 크기를 온전히 전달할 수 없기 마련이다. 하지만 프레임에 들어온 장면을 통해 우리는 비극에 좀 더 가까이 다가설 수 있다. 그럼으로써 렌즈의 이편과 저편은 완전히 분리된 세계가 아니라는 점이 분명해진다.

사진은 "진실 같은 거짓"이고 동시에 "거짓 같은 진실"이다. 사진에 대한 시인의 통찰은 이내 두 개의 영역을 하나로 통합하며 서로 다른 것들이 동화되는 경험을 제공한다. 시인은 우리 안에 존재하는 여러 자아를 탐문하고자 한다. 또한 서로 다른 세계가 길항하는 가운데 주고받는 관계에 대한 이야기도 한다. 우리의 삶과 세계는 단편적이지 않다. 그것은 언제나 복합적이며 다양한 층위의 이야기를 담고 있다. 하지만 그런 점을 파악하기는 쉽지 않은 일이다. 시인은 자아의 여러 모습이나 서

로 다른 세계를 호명함으로써 복합적이고 다채로운 삶
과 세계의 양상을 우리 앞에 펼쳐 놓으려 한다.

상상인 시인선 086

우리는 그렇게 시간을 걷는다

지은이 윤문순

초판인쇄 2025년 9월 24일 초판발행 2025년 9월 29일

펴낸곳 도서출판 상상인 편집주간 황정산 펴낸이 진혜진

표지디자인 최혜원 기획·마케팅 전은빈 최유림 노혜림 정현수

책임교정 종이시계 편집 세종PNP

등록번호 제572-96-00959호 등록일자 2019년 6월 25일

주소 06621 서울시 서초구 서초대로74길 29, 904호

전화번호 02-747-1367, 010-7371-1871

팩스 02-747-1877 전자우편 ssaangin@hanmail.net

ISBN   979-11-7490-011-1 (03810)

값 12,000원